Armin Täubner

Herbstliche Genüsse

Fensterbilder aus Tonkarton

frechverlag

Von Armin Täubner sind im frechverlag viele weitere Titel erschienen. Hier eine kleine Auswahl:

TOPP 2366

TOPP 2338

TOPP 2096

TOPP 2497

TOPP 2275

TOPP 2306

Fotos: frechverlag GmbH + Co. Druck KG, 70499 Stuttgart;
Fotostudio Täubner

Dieses Buch enthält:
2 Vorlagenbogen

Auflage: 5. 4. 3. 2. 1. | Letzte Zahlen
Jahr: 2004 2003 2002 2001 1999 | maßgebend

frechverlag GmbH + Co. Druck KG, 70499 Stuttgart

ISBN 3-7724-2493-7 · Best.-Nr. 2493

Druck: frechverlag GmbH + Co. Druck KG, 70499 Stuttgart

Der Herbst überzieht das Land mit einem bunten Kleid und hat den Tisch für Mensch und Tier mit Beeren und Früchten reich gedeckt. In den Gärten und auf den Feldern aber auch in Wald und Flur herrscht ein munteres Treiben. Überall ist man mit dem Einbringen der Ernte beschäftigt.

Der Herbstwind verteilt bunte Blätter und vergessene Früchte locken viele Tiere an. Aus den Schränken holen wir wärmere Kleidung und die Kinder basteln Drachen und lassen sie auf den abgeernteten Feldern steigen. Auch die Tiere bereiten sich auf den nahenden Winter vor:

Der Igel legt sich einen dicken Winterspeck zu, Maus und Eichhörnchen sammeln Vorräte und die Natur sorgt dafür, dass ihnen ein warmes Winterfell wächst.

Die für den Herbst typischen Situationen und Stimmungen werden mit diesen Fensterbildern eingefangen.

Arbeitsschritte

Pausen Sie die Motivteile ohne Überschneidungen mit Bleistift auf Transparentpapier ab. Das Transparentpapier wird auf einen dünnen Karton geklebt. Schneiden Sie die Motivteile mit einer Schere bzw. mit einem Cutter (Schneideunterlage nicht vergessen!) aus. Die ausgeschnittenen Teile sind Ihre Schablonen.

Übertragen Sie die Umrisse der Schablonen mit Bleistift auf den gewünschten Tonkarton. Manche Teile werden mehrfach benötigt.

Die Motivteile werden ausgeschnitten.

Damit Vorderseite und Rückseite identisch sind, werden die meisten Motivteile doppelt ausgeschnitten und auf der Rückseite in derselben Reihenfolge, jedoch spiegelverkehrt, angeordnet.

Nun kleben Sie das Motiv zusammen. Als Tieraugen dienen schwarze und weiße Klebepunkte (Ø 8, 12 und 18 mm). Mit einem weißen Lackstift oder Ähnlichem können Sie noch Lichtreflexe auf die Pupillen tupfen.
Die Tiergesichter, Holzmaserungen oder hier die Stacheln auf der Kastanienschale werden mit einem schwarzen Filzstift aufgemalt.

Ein Nickerchen unter Pilzen

Befestigen Sie den Igelkopf von hinten am stacheligen Rumpf. Mund und Auge werden aufgemalt, die schwarze Nase ausgeschnitten und aufgeklebt.
Die weißen Pilze bekommen rote Hüte. Auf die Hutunterseite malen Sie die Lamellen (evtl. leicht mit Bleistift vorzeichnen) und auf die Blätter werden die Blattadern gezeichnet.
Zum Schluss werden Igel, Pilze und Herbstlaub auf der Grasfläche angeordnet.

Motivhöhe ca. 28 cm

Köstlichkeiten für stachelige Leckermäuler

Befestigen Sie die Igelköpfe von hinten an den stacheligen Rümpfen. Die Gesichter werden mit einem schwarzen Filzstift aufgemalt.

Kleben Sie den Baum auf die Grasfläche und ordnen Sie davor die Igel an. Zum Schluss werden Äpfel und Blätter angebracht.

Motivhöhe ca. 37 cm

Drachenwetter

Am Drachen werden Mund, Augen (Klebepunkte, ø 8 und 12 mm) und der Schwanz befestigt. Die Nase und die Lachfalten in den Mundwinkeln werden aufgemalt. Legen Sie den Kopf an den gepunkteten Kittel an und kleben Sie das schwarze Haarteil auf. Am Kittel werden von hinten noch Hand und Hose samt Schuh angebracht.
Die Katze wird ebenfalls bemalt.

Zwei kleine Kürbisgeister

Kleben Sie auf den Mantel den roten Kragen und die beiden Knöpfe (Klebepunkte, ø 8 mm). Am Kragen wird nun von vorne das Gesicht und von hinten der blonde Haarschopf befestigt. Ebenfalls von hinten wird die linke Hand und die Hose samt Schuhen angebracht. Bemalen Sie die beiden Kürbisse und kleben Sie sie auf die Hand bzw. den Mantel. Die rechte Hand wird zum Schluss aufgeklebt.

Herbstidylle

Kleben Sie den kahlen Strauch auf die Grasfläche. Nun werden die Pilze und die Schnecke angeordnet. Es folgt das Herbstlaub mit den aufgemalten Blattadern.

Die roten Beeren sind Klebepunkte (Ø 8 mm).

Die Hagebutten sind reif

Schneiden Sie den Vogelkörper aus Regenbogen-Tonkarton aus. Nun bringen Sie den Schnabel, den Flügel und das schwarz-weiße Klebepunktauge (Ø 8 und 12 mm) an.

Setzen Sie den Vogel auf den Zweig und befestigen Sie die Vogelfüße. Das Blatt und die Hagebutte werden dreimal ausgeschnitten und am Zweig angeklebt.

Motivhöhe ca. 25 cm

Ich hab' keine Angst vor dir

(Anleitung Seite 14)

Ich hab' keine Angst vor dir

(Abbildung Seite 12/13)

Kleben Sie zuerst das Tor zusammen. Es folgen die beiden Pfosten, die jeweils mit zwei waagrechten Hölzern mit dem Tor verbunden werden. Nun können die senkrechten Zaunlatten angebracht werden. Der aufrechte Sack wird von hinten am rechten Torpfosten befestigt.

Kleben Sie das Ganze auf die Grasfläche. Am blauen Kittel der Vogelscheuche bringen Sie von hinten den Kopf und die drei Holzteile an. Von vorne befestigen Sie den Hut und die Stoffflicken. Jetzt werden die Vogelscheuche, der zweite Sack, Hund, Katze sowie die Äpfel angeklebt.

Bunter Herbstkranz

Schlingen Sie die dunkelbraune Weinrebe um den hellgrünen Ring. Nun wird zuerst die Weintraube samt Stiel und einzeln aufgeklebten Beeren angebracht. Es folgt das bunte Weinlaub.
Von der linken Seite hängt ein Zweig mit Hagebutten nach innen, während unten Apfel und Birne und davor Zwetschgen und Nüsse angeordnet werden. Anschließend werden die restlichen, mit Blattadern bemalten Blätter befestigt.

Motivhöhe
ca. 31 cm

Seht mal, wo ich bin!

Kleben Sie auf die dunkelbraunen Kastanien jeweils eine ovale, beige Fläche (gestrichelte Linie). Bei der großen Kastanienschale wird am oberen Rand ein schmaler weißer Streifen (gestrichelte Linie) angeklebt. Zeichnen Sie mit einem schwarzen Filzstift zusätzliche Stacheln auf die Kastanienschalen. Am Mäusekopf werden zuerst die beiden weißen Ohrinnenflächen angebracht. Augen und Nase sind Klebepunkte (ø 8 und 12 mm). Kleben Sie den Kopf leicht schief auf den weißen Randstreifen der Kastanienschale. Links und rechts davon wird jeweils eine Pfote angebracht. Der Schwanz wird von hinten an der Schale befestigt.

Motivhöhe ca. 24 cm

Bei der Getreideernte

Kleben Sie auf die Grundform der Getreideähre (durchgezogene Linie) zuerst auf die Zwischenräume zwischen den Körnern links und rechts jeweils ein Korn (gestrichelte Linie). Abschließend folgen die mittleren Körner (gepunktete Linie). Auf dem Mäuserumpf befestigen Sie zunächst die weiße Brust-Bauchfläche. Kleben Sie die weißen Innenflächen auf die Ohren. Augen und Nase sind Klebepunkte (ø 8 und 12 mm). Der Kopf wird leicht schief am Rumpf angebracht. Kleben Sie jetzt die Ähre und zum Schluss die Pfoten an.

Motivhöhe ca. 20 cm

Leckere Pilze

(Anleitung Seite 20)

Motivhöhe
ca. 20 cm

Leckere Pilze

(Abbildung Seite 18/19)

Nachdem der Baumstumpf auf die Grasfläche geklebt ist, werden die Blätter mit den aufgemalten Blattadern angeordnet. Der kleinste Pilzhut wird doppelt benötigt.
Kleben Sie die Pilzhüte auf das weiße Stielteil.

Nun werden die Pilze und das Eichhörnchen am Baumstumpf befestigt. Mit einem schwarzen Filzstift malen Sie das Eichhörnchengesicht und die Rindenstruktur auf.

Herbst im Obstgarten

Verbinden Sie die Zaunpfosten mit den beiden Querhölzern. Nun wird der bemalte Zaun und dann der Baum auf die Grasfläche geklebt.

Die Stiele der Birnen werden schwarz angemalt, bevor sie zusammen mit den Blättern und Vögeln auf dem Baum angeordnet werden. Die Nägel werden ebenfalls aufgemalt.

Motivhöhe
ca. 35 cm

Nicht wackeln!

Äpfel und Birne erhalten Stiele und werden wie auf der Abbildung zu sehen aufeinander geklebt. Befestigen Sie an den Mäuseköpfen die zweiteiligen Ohren und die Klebepunktaugen (ø 8 mm). Bei der unteren Maus wird noch der Schwanz angebracht. Malen Sie die Barthaare auf, bevor Sie die beiden Mäuse an den Obstturm kleben.

Motivhöhe ca. 27 cm

Saftige Weintrauben

Befestigen Sie den Rumpf von hinten am Stachelkleid. Auge und Nase sind Klebepunkte (Ø 8 und 12 mm). Mit einem schwarzen Filzstift werden die Linien zwischen den Fingern und Zehen aufgemalt.

Am großen Weintraubenteil wird von hinten der Stiel angebracht. Schneiden Sie zusätzlich noch mehrere Beeren aus und kleben Sie sie auf das Weintraubenteil.

Motivhöhe ca. 30 cm

Marktstand

Kleben Sie das Haarteil (gepunktete Linie) auf den Kopf und die gepunktete Schürze auf das karierte Kleid. Nun wird der Kopf an das Kleid angelegt und das Kopftuch aufgeklebt. Jetzt können die Stiefel und der Ärmel samt Hand und Gewicht angebracht werden.

Vom Herbststurm entführt

Motivhöhe ca. 29 cm

Kleben Sie das Gesichtsteil (gestrichelte Linie) auf das blonde Haarteil (durchgezogene Linie). Nun wird der Kopf auf dem Pullover befestigt.
Von hinten werden Hand und Hose angebracht. An die Hose kleben Sie von hinten die Schuhe und von vorne den Stoffflicken. Jetzt kann das Kind den Regenschirm halten.

Hoch hinaus

Die Drachenaugen sind Klebepunkte (Ø 12 mm und 18 mm) und das Eichhörnchengesicht wird aufgemalt.

Motivhöhe ca. 32 cm

Frisch geerntete Kürbisse

Am roten Holm der Schubkarre kleben Sie von hinten das zweiteilige Rad und die blaue Wanne an. Nun wird die Schubkarre auf die Grasfläche gestellt. Einige Kürbisse werden aufgeladen, die anderen davor im Gras angeordnet. Bringen Sie noch die beiden Kätzchen mit den aufgemalten Gesichtern an.

Motivhöhe ca. 19 cm

Leckeres Obst

Beide Früchte bestehen jeweils aus einer roten, gelben oder grünen Grundform (durchgezogene Linie), auf die die etwas kleinere, weiße Schnittfläche geklebt wird.
Das Kernhaus können Sie entweder mit dem Cutter aus der weißen Schnittfläche herausschneiden oder Sie schneiden die beiden Kernhaushälften aus rotem, gelbem bzw. grünem Tonkarton aus und kleben sie auf.

Motivhöhe ca. 13 bzw. 17 cm

Mit Schleife und Zylinder

Bis auf die Pilzstiele und die ovale Öffnung im Pilzhut werden alle Teile aus Regenbogen-Fotokarton ausgeschnitten. Die Augen des Wurmpärchens sind weiße Klebepunkte (ø 8 mm) mit aufgemalten Pupillen.

Befestigen Sie nun Zylinder, Schleife und Kopftuch an den beiden Köpfen. Kleben Sie die Pilze auf das Grasbüschel. Die Würmer werden zum Schluss angebracht.

Motivhöhe ca. 28 cm

Meine Lieblingsspeise

Auf den Vogelkörper kleben Sie Schnabel, Auge (Klebepunkte, ø 8 und 12 mm), Lätzchen und Fuß. Erst jetzt wird der Flügel mit der Beere angebracht.

Auf die Weintraubenform kleben Sie mehrere Beeren, die sich teilweise leicht überschneiden.

Motivhöhe ca. 18 cm

Bei der Eichelernte

Am Kopf des Eichhörnchens werden die beiden Büschelohren und die Klebepunktaugen (ø 8 und 12 mm) angebracht.

Nun kleben Sie das weiße Brust-Bauchteil auf den Rumpf.
Es folgen Rückenkorb und Arm.

Motivhöhe ca. 23 cm